CW01091369

Copyright © 2021 M

Illustrasjoner: L

Treet på bokomslaget, illustrert av: Clair Tillotson, Clair Monet

Forfatterfoto: Aamod & Sophelia Korhonen, Balance Is Joy Photography

Språkvasker: Elisabeth Husby

ISBN: 9798718481624

*"Alt vi er er historier.*
*Det er det vi kommer hit med.*
*Det er det vi etterlater oss.*
*Vi er historier.*
*Alle av oss.*
*Når vi tar oss tid til å dele disse historiene med hverandre,*
*da blir vi større på innsiden, da ser vi hverandre, da*
*kjenner vi igen vårt slektskap, da forandrar vi verden, en*
*historie om gangen."*
*- Richard Wagamese*

*Jag dedikerer denne boken til han som oppmuntret meg*
*til å skrive dikt, min bestefar Rasmus Husby.*

*Jag dedikerer også denne boken til min kjære familie,*
*min mann Gabriel og barna mina Ofelia, Cornelius og*
*Julius. Jag elsker dere!*

*Til slutt vil jeg også dedikere denne boka til deg, som*
*noen gang har kjent deg kraftløs, fordi noen utnyttet*
*kroppen din eller sjela di.*

*Det er din tid nå, å stå i din egen kraft!*

# EN
# DIKTSAMLING
# OVER 25 ÅR

# 12 ÅR

*Kjære gullet,*

*Jeg er tolv år og han har gitt meg øl og jeg er full.*
*Han tok meg på puppene og satte på porno*

*Det var ekkelt.*
*Jeg kastet opp.*

*Jeg vil aldri drikke øl igjen.*

# 12 - 21 ÅR

*1.*

*Lita jente, Aldri mer*

*Bror hva skjer?*

*Ikke kom*
*Ikke dra*

*Søster, se meg*

*Uro, aldri fred*
*Perfekt, nei*
*Redd, ja*
*Lita jente,*
*Aldri mer*

## 2.

Stengselen stenger,
men den vet ikke hva jeg trenger
Tomheten kaller,
men den vet ikke hva den traller
Savnet skjærer,
men det vet ikke hva jeg bærer
Trengselen presser,
men den vet ikke hva jeg lesser
Bevistheten minner,
men den vet ikke hva jeg finner

Ubevisstheten skremmer,
men den vet ikke at den temmer

Sorgen gråter,
men den vet ikke hvordan det låter
Frykten lokker,
men den vet ikke hvor den tråkker

Stillheten roer,
men den vet ikke at den bygger broer

Svarene finnes kun hos meg,
men jeg overlater dem til deg

For jeg vet de bare vil såre

*3.*

*Gå vekk*
*Tal ikke mer*
*Vil sove nå*
*Det er mørkt*
*Bamse kom*
*La oss drømme natten vekk*

## 4.

*Når trøttheten våkner*
*Og alle gleder faller til ro*
*Da kan man bare sove*
*Og vente på natten igjen*

## 5.

*Fortidens glemte sannheter står ved døren*
*Hvorfor slipper du dem ikke inne?*

*Fortiden trenger en ny gjennomgang*
*Får den ikke inn, får du ikke ut*

*Du prøvde å glemme*
*Sannheten glemmer aldri*
*Den vil stå ved din dør for alltid*

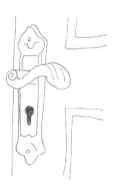

### 6.

*Forfriskende drinker*
*Søvnløse netter*
*Du i ro*
*I din mørke krok*

*Talende stemmer*
*Du svelger*
*Lev*
*I din lyse krok*

*Et lite skritt*
*Du står*
*Tilbake*
*I din mørke krok*

*7.*

*Grått*
*Papir*
*Tomt*
*Fyllt med bokstaver*
*Skriker*
*Gi meg liv!*

*Tomt*
*Papir*
*Grått*

8.

*Vandrer rundt med uro*
*I en hage*
*Der bare ugress gror*
*Glimtvis kan man ane*
*En råtten forglemmeiei*
*Gjemt mellom nestler og tornekratt*

*En gang var den yndig og vakker*
*Så kom uroen*
*Når er det ingen som vet*
*Om den forsvinner er uvisst*

*Da vil hagen på ny bli fylt av liv*
*Men også nye forglemmeiei*
*Til minne om en uro*
*Som engang var min*

## 9.

*Jeg kan fly langt vekk*
*Høyt oppe*
*Svever over alle andre*
*Svept inn i skyer*
*Gjemmer meg*
*Glemmer deg*

*Når savnet blir for stort*
*Finner du meg*
*Dinglende med bena fra månen*

## 10.

*Dypt har skatten ligget*
*Urørlig på havets bunn*
*Fanget i et muslingskjell*
*Kanskje er det på tide*
*Å slippe den løs igjen?*

# 26- 29 ÅR

*11.*

*Om himmelen ramler ned*

*i hodet ditt*

*Om alle jordens elver flommer over*

*Om solens stråler setter jordkloden i brann*


*Så lenge du lever*

*Vil det aldri være forsent*

*Å virkeliggjøre sjelens røst*

*Å bli hel*

## 12.

*Det finnes en lengsel i alle oss*
*Som bare orker å lytte*
*Hos oss vil den slippes fri,*
*Men aldri forsvinne*
*Hos oss som aldri tør*
*Å befri den fra sitt fengsel*

*Hos oss*
*Som bare orker å lytte*

## 13.

*En uro for mørket*

*Har røvet livsgleden bort*

*Du fryktfulle venn*

*Se til lyset i mørket*

*For der i begynner ditt liv*

*14.*

*En sommerfugls skjønnhet*

*Er gjemt i kokongens nett*

*Men på oppstandelsens dag*

*Får alle se*

*Hvor vakker den er*

### 15.

*Så lett det er*

*Å slukke en brennende flamme*

*Så lett det er*

*Å glemme sitt strålende jeg*

*Men selv små gruskorn er fyllt med denne energi*
*som verken kan oppstå eller forsvinne*

*16.*

*Syk*

*Det var jeg vel aldri*

*Det var bare noe de fortalte meg*

*At jeg var*

*Syk*

## 17.

*Hvilken tid er det*
*Som ikke gjør at vi rekker den*

*Det vi ikke rekker*
*Er det viktigere*
*enn det vi rakk?*

*18.*
*Det fans en tid*
*Hvor jeg skrev for å overleve*
*Dikt for dikt*
*Jeg trengte ordene*
*Å se følelsene mine nedskrevet på papir*
*Side etter side*
*Med sørgmodige ord*
*Jo mere elendighet*
*Jo mere healende*

*Det fans en lengsel*
*Om en ny tid*
*Da det jeg skrev kunne hjelpe andre med å overleve*

*Men hvordan kan du hjelpe andre, når du selv holder på å drukne?*

*Det fins en tid*
*Den tid er nå*
*Hvor jeg ikke lenger vil skrive for å overleve*
*Ikke heller for andres overlevelse*
*Jeg vil skrive ubetinget*
*Fordi det å skrive er en sak i seg selv*
*En del av helheten*
*En pusslespillbit i min tid*

# 29- 32 ÅR

*19.*

*Så var det ikke i lyset*

*Du skulle finne veien*

*Til ditt hjerte*

*Men i brytningen*

*Mellom dag og natt*

## 20.

*I skumringen*
*Åpnet jeg døren*
*Til huset*
*Hvor tiden stod stille*

*Så stille*
*Så stille*
*Så ensomt og trist*
*Ingenting vitner*
*Om livet som var*
*Om dansen og gleden*
*Om sorgen og grøten*
*Om menneskenes*
*Følelser og liv*

*Et hus uten folk*
*Bare vegger og tak*
*Bare skallet av alt*
*Som det engang var*

*Uten folk*
*Inget liv*
*Uten folk*
*Ingen stil*

*Snart*
*Så snart*

*Kjære hus*
*Blir du mer enn ett hus*
*Ikke lengre ett skall*
*Snart tramper vi in*
*Gjennom trøskelen der*
*Og gir deg tilbake*
*Din glød og behag*
*Og du gir oss din beskyttelse*
*Og vi takker deg da*
*For vi begge*
*Trenger hverandre*

## 21.

*Det fins en ild i meg*
*Som ikke kan slukkes*
*Når urettferdighet og grusomhet skjer*
*Forsterkes flammene*
*Av sannhet*
*Klar til å brenne igjennom*
*Slik at fra asken kan stige*
*En ny*
*Og bedre*
*Verden*

## 22.

Lengst der framme
Lengst fram finner du meg
Før alle de andre
Den som først fant sporet
Den som kom lengst
På rett drivstoff kom jeg dit
Det gikk fort
Kjempefort
Jeg knekte koden
Før alle andre
Foran alle andre
De andre som er bak
Det er kun meg her framme
Det er så fint det jeg ser
Men det er kun meg som ser det
Forsøker å fortelle
Slik at de andre kan ta seg hit
Noen er på vei
Andre trives bra hvor de er

Lengst fram finner du meg
Jeg venter på deg
Noen ganger går jeg også tilbake
Forsøker å gå med deg
Men jeg kan ikke flytte føttene dine
Jeg vil ikke flytte de heller
Det er bare du som kan det
Om du vil

*Noen ganger er det ensomt*
*Å være der hvor de andre ikke er*
*Jeg savner en venn*
*En som har gått samme vei som meg*
*Som vet hvilken pris man får betale*
*For å gå foran de andre*
*Som vet hvilken ild man har kjempet mot*
*Hvilke elver man har svømt over*
*Hvilke fjell man har bestiget*
*Og hvilke vinder som har forsøkt å blåse en over ende*

*På de dager hvor mange samles*
*Venner og familie*
*For å feire solen*
*Synes det ekstra tydelig*
*Jeg er ensom voksen her framme*
*Sammen med*
*Jordens mest fantastiske vesen*
*Barna med diamantøynene*
*Og den sanne ilden*
*I sine hjerter*

*Men de gikk ikke veien*
*Jeg vandret*
*Deres vei starter her*
*Jeg løper gjerne ved siden av de så langt jeg orker*
*I håp om at de ikke kommer ensomme frem*
*Men vandrer sammen*
*Over den nye mållinjen*
*Som venter*
*Lengst der framme*

## 23.

*Tillat meg å være trist en stund*
*Jeg lover å reise meg snart igjen*
*Å skinne på ny*
*Som solens varme stråler*

*Akkurat nå i denne stunden*
*Vil jeg bare gråte*
*Kjenne på sorgen og smerten*
*Det ekte i den*
*Og ikke late som*

*Vær så snill å gi meg denne stunden*
*Å være trist for meg selv*

*Jeg lover å reise meg snart*
*Igjen*

24.

*Da sorgen*
*Kom ut som tekst*
*Fans den*
*Ikke lengre igjen*
*I hjertet*

## 25.

*Dette stedet fyller meg*
*På øyeblikk*
*Av etthundreprosent*
*Tilstedeværelse*
*I naturen*
*Og i*
*Meg selv*

*26.*
*Det var aldri mitt ansvar*
*Å gjøre deg til et bedre menneske*

*Det var aldri mitt ansvar*
*Å bære ditt ansvar*
*Å skjule dine forbrytelser*
*Å beskytte deg*
*Fra at andre skulle få vite*

*Det var aldri mitt ansvar*
*Å gi deg kjærlighet*
*Å gi deg omsorgen min*
*Å være familien din*
*Når du selv*
*Bare kunne gi*
*I fysisk form*

*Det er mitt ansvar*
*Å slutte å ta ansvar*
*For ditt ansvar*
*For det var aldri mitt ansvar*
*Å gjøre deg til et bedre menneske*

## 27.

*Jeg ser meg i speilet*
*Ser ikke ut som meg selv*
*Inni meg*
*Er jeg så mye yngre*
*I speilet er jeg ingen ung jente*
*Men en kvinne*

*Jag ser ned på kroppen min*
*Den ser ikke ut*
*Slik jeg kjenner meg*
*"Jeg har ikke vært så snill mot deg"*
*Sier jeg*
*Har ikke gitt deg ros*
*Var aldri fornøyd med deg*
*"Det er ikke din feil"*
*Sier jeg*
*"Det ble bare slik"*
*Men både du og jeg vet*
*At det er ikke sant*
*Det skjedde da noen annen trodde seg*
*Bestemme over kroppen min*
*Jeg rømte vekk*
*Og våget ikke komme tilbake*

*Så kom transformasjonen*
*Og dro meg ned i min form*
*Hvor jeg er nå*
*På oppdagelsesferd*

*"Jeg burde elsket deg mer"*
*Sier jeg*
*"Jeg burde tatt vare på deg"*
*Men nå svarer du meg*
*"Se meg for den jeg er"*

*Og nå vet jeg det*
*Vi er ikke to deler*

*Du er meg*

# 32-37 ÅR

*28.*

*Jeg har sluttet å redde verden*

*En dag*

*Bare slo det meg*

*Det var aldri verden*

*Som trengte å reddes*

*Det var meg*

### 29.

*For å komme hjem*
*må du noen gang ferdes*
*På velkjente stier*
*Som helt plutselig*
*Uten advarsel*
*Endret sitt uttrykk*

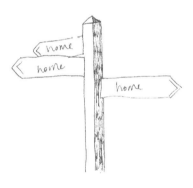

## 30.

*Tillat meg være lykkelig*
*Bare kjenne på gleden her og nå*
*Og følelsen av at alt er perfekt*

*Jeg lover å kjempe igjen når det trengs*

*Men akkurat nå*
*I dette øyeblikket*

*Vil jeg bare nyte*
*Og takke livet*
*For alt godt jeg har fått*

### 31.

*I det øyeblikket*
*Hun tørket tårene sine*

*Og skylte grønnkålen i rennende vann*
*Slo innsikten henne*
*At det var aldri slik*
*Hun hadde tenkt livet skulle bli*
*Og at hun kanskje aldri*

*Skulle treffe han igjen*

32.

Frihet

Jeg tror den fins i naturen

Det er der jeg kjenner den mest


Jeg vil takke den

For at jeg nå er fri

## 33.

Man skulle kunne tro
At det er her det slutter

Men dette er kun begynnelsen

Det vil bli nye strider
Men når de kommer
Kan du bare strekke ut vingene dine
Og kjenne kraften i deg selv

Det er din tid nå
Å være den

Det alltid var meningen du skulle være.

# ABOUT THE AUTHOR

## Miriam Husby Stener

Miriam er født og oppvokst i Norge, men bor nå i Sverige hvor hun jobber som spirituell coach, Auraformidler og spirituell practitioner i New Thought.
Hun brinner for å hjelpe kvinnor med å finne sin styrke, bli fri fra trauma, leve med mening og gjøre det de brenner for.

Lita Jente, Aldri Mer er hennes første publiserte diktsamling. Den baserer seg på hennes egen reise fra å bli utsatt for sexuelle overgrep som barn til å ta tillbaka sin egen kraft.

Likte du diktsamlingen?
Følg Miriam på Sociala Medier og send henne gjerne ei melding eller legg ut et bild av boken og tagg den med #litajentealdrimer
Instagram: @miriamstener @poems_by_miriam
Facebook: Miriam Stener

Gratis gave!

Som takk for at du har kjøpt denne boka kan du hente deg en gave som gjør godt for både kroppen og sjela her: https://miriamstener.mykajabi.com/optin-gratisgave-litajentealdrimer

Printed in Great Britain
by Amazon

58272020R00031